Hans Domenig

Nimm das Jahr als Fest

Betrachtungen zum Kirchenjahr

Kaufmann · Reinhardt

Ein Leben ohne Feste
ist wie ein langer Weg
ohne Gasthäuser.

Demokrit, um 400 v. Chr.

Mit der Festfreudigkeit innerhalb der christlichen Kirchen ist es äußerst verschieden bestellt. Während die Abessinier innerhalb eines Jahres 150 große und dazu noch 50 kleinere Feste feiern – das ist im Durchschnitt jeden zweiten Tag ein Fest –, haben die nüchterneren Reformatoren nur noch die wichtigsten und biblisch zu begründenden Gedenktage gelten lassen. Heute besteht die Gefahr, daß auch die wenigen verbliebenen Feste ihres christlichen Inhalts entleert werden. Aus Feiertagen werden bloße „Frei"tage.

Wenn aber die Sonn- und Feiertage sich gleichen wie ein weißes Ei dem andern, verliert das Jahr an Farbe und wird eintöniger. Dem möchte dieses Buch entgegenwirken. Bunt, wie es daherkommt, will es das Farbenspiel aufleuchten lassen, das dem christlichen Jahr innewohnt, und so zu einer besinnlichen Festfreude anleiten und ermuntern.

Hans Domenig

Meiner lieben Frau
in Dankbarkeit gewidmet.

... zu verkünden das angenehme Jahr des Herrn.
Lukas 4, 19

1. Advent

Im Unterschied zum bürgerlichen Jahr beginnt das Kirchenjahr nicht am 1. Januar, sondern mit dem 1. Advent. Das ist immer der Sonntag, der auf den 26. November folgt.

Adventsfeiern sind erstmals im 6. Jh. nachgewiesen, teilweise auch mit fünf bis sieben Adventssonntagen. Später wurden nur noch deren vier beibehalten.

Zunächst war der Advent eine Zeit der Buße, des Fastens und der Enthaltung. Erst seit der Aufklärungszeit (18. Jh.) sind das Warten und die Vorbereitung auf Weihnachten in den Vordergrund gerückt.

In einer größeren Stadt fiel an einem späten Nachmittag im Advent plötzlich der Strom aus. In den Warenhäusern standen die Menschen und die feilgebotene Ware im Dämmerlicht. Die halbsanften Lautsprecher mit ihren „Jingle-Bells" und „Stille-Nachts" verstummten. Rolltreppen standen still, so daß die Kunden sich selber von Stockwerk zu Stockwerk bemühen und sich ihrer Beinmuskeln erinnern mußten.

An erblindeten Adventsschaufenstern vorbei tappten die Menschen heimwärts. Sie wollten während der Dunkelheit in vertrauter Umgebung sein. So kuschelten sie sich unter ihre Dächer. Viele fluchten leise, weil Fernseher und Plattenspieler schwiegen. Da kam eine Mutter auf die Idee, mit ihrer Familie die Weihnachtslieder selber zu singen, und die Familie sang mit. Andere entzündeten eine Kerze und ließen sich von der Stille umfangen, vor der sie sich anfänglich ein wenig gefürchtet hatten.

Am folgenden Tag war die ungerufene Dunkelheit vom Vorabend Stadtgespräch.

„Ich wußte nicht, daß Stille berauschen kann", gab ein Student zu verstehen.

Demgegenüber bekannte eine Sekretärin: „Mich hat das alles nur depressiver gemacht."

Ein Vierzigjähriger in verantwortungsvoller Position schrieb in sein Tagebuch: „Einmal einen Abend lang nichts getan. Abschalten gelernt. Dabei erfahren, daß es noch anderes gibt als nur irdisch Sichtbares."

Gott hat einst gesagt: „Aus der Dunkelheit soll Licht aufleuchten!" So hat er jetzt sein Licht in meinem Herzen aufleuchten lassen, damit die Menschen die göttliche Herrlichkeit erkennen, die Jesus Christus ausstrahlt.

2. Korinther 4, 6

2. Advent und 6. Dezember

Weil sie aus der Bibel nicht zu begründen war, wurde die Verehrung der Heiligen von den Reformatoren abgelehnt. Einer aber konnte ihnen trotzen und war hier stärker als sie: Nikolaus, Bischof von Myra in Kleinasien, der in der ersten Hälfte des 4. Jh. lebte. Sein Gedenktag am 6. Dezember konnte sich auch in evangelischen Gebieten halten, obwohl Luther versuchte, das Nikolaus-Brauchtum mit den Geschenken auf Weihnachten hin zu verlagern.

Historisch verbürgte Angaben über Nikolaus gibt es nicht, dafür aber eine Reihe von Legenden, die erzählen, daß er unter anderem als Helfer der in Not geratenen Seefahrer, der unschuldigen Gefangenen, vor allem aber der Kinder gilt.

Heute klopft er, als Bischof oder als Weihnachtsmann verkleidet, an die Haustüren und bringt den Kindern Geschenke. Oft liest er ihnen ihr Sündenregister vor und hält sie zur Besserung an. Sein Begleiter heißt je nach Landstrich Knecht Ruprecht, Krampus, Schmutzli oder noch anders. Er wird auf den altgermanischen Göttervater Odin zurückgeführt. Der christliche Nikolaus hat ihn in Dienst genommen zum Zeichen der Überwindung des Heidentums. Ihm überließ er auch die früher üblichen strafenden und drohenden Tätigkeiten wie „Verhauen mit der Zuchtrute", „Kinder in den Sack stecken" und sie „in den Wald mitnehmen".

Neben Maria ist Johannes der Täufer die eigentliche Adventsgestalt im Neuen Testament. Mit seinem Kamelhaarmantel, aber auch mit seinen Heuschrecken-Mahlzeiten und dem wilden Honig muß er auf seine Zeitgenossen einen recht absonderlichen Eindruck gemacht haben.

Ein Alternativer von damals? Ein „Körnchenpicker"? Mehr als das. Er, der selber ganz einfach lebte, ermahnte die Leute zum einfachen Leben. „Tut Buße! Ändert euch!" Und die Leute – auch die Etablierten – kamen zu ihm an den Jordan, änderten sich und ließen sich taufen, um für die Ankunft des Messias gerüstet zu sein.

Ein wahrer Advent war das damals! Wenn ich an meine frühe Jugend zurückdenke, muß ich gestehen, daß uns Kindern eine ganz andere Gestalt das Herannahen des Messias ankündigte: St. Nikolaus. Seine Ermahnungen unterschieden sich übrigens gar nicht so sehr von denen Johannes des Täufers. Mit seinem waldtiefen Baß gab auch er, über unser Sündenregister gebeugt, zu bedenken: „Das muß gewaltig besser werden mit euch!"

Aber wie ist das bei uns Erwachsenen? Nehmen wir das ernst? Ändern wir uns etwa? Alles wollen wir ändern, um die Lebensqualität zu erhöhen: die Umwelt, die Gesellschaft, die Arbeitsbedingungen, die Mitmenschen – nur uns selbst nicht.

Gerade das aber will der Advent: daß wir uns selbst vertiefen und anders werden auf das große Geburtsfest hin – und das erst könnte eine echte Steigerung der Lebensqualität bedeuten.

Ändert euer Leben!
Zeigt durch eure Taten, daß ihr euch wirklich ändern wollt.
Matthäus 3, 2 und 8

3. Advent

Johann Hinrich Wichern ließ in seinem „Rauhen Haus" in Hamburg, einem Heim für sittlich gefährdete Kinder des Großstadtelends, zu seinen Adventsandachten Kerzen auf einem Kronleuchter anzünden. 1860 ersetzte er den Leuchter durch einen Kranz aus Tannengrün: Der Adventskranz war geboren. Ein stiller Brauch nahm damals seinen Anfang: Verhaltenes Licht sollte die Vorfreude auf den Geburtstag Jesu zum Ausdruck bringen.

Einige Jahrzehnte später wurde der Advent „elektrifiziert". Man gab nicht mehr viel auf stilles Leuchten und Warten. Die technische Helligkeit griff um sich.

1912 wurde auf dem Madison Square in New York die erste Lichtertanne mit elektrischen Kerzen aufgestellt.

Gefunkel und gleißender Lichterzauber, Tannenbäume auf Plätzen und Neonsterne an den Häuserfassaden, die sich im Asphalt spiegeln, Lichtergirlanden und Glühbirnenketten in den Geschäftsstraßen und Fußgängerzonen, Adventsgestecke auf Werkbänken und Kränze neben Fernsehansagerinnen, Mini-Lichterbäumchen in den Kabinen der Fernfahrer und Lokomotivführer – das alles sind Dinge, die wir als typisch adventlich mit der dazugehörigen Stimmung erfahren.

Gewiß hat solche Lichterflut ihr Schönes. Doch sie sollte Tieferes nicht überblenden. Denn vielen drückt die Adventszeit aufs Gemüt. Es geht auf Weihnachten zu, und da schmerzt das Alleinsein oder ein anderes seelisches Leiden ganz besonders. Adventslichter und Kerzen können auch weh tun; gar manchem brennen sie an seinen noch nicht verheilten Wunden. Aber sie können den Schmerz auch lindern, denn sie sind Sinnbilder der göttlichen Helligkeit, welche die seelischen Düsternisse hinwegleuchtet. Adventslichter lassen empfinden, daß auch der Einsamste in seinem Stübchen nicht allein sein muß. Sie können Botschaftsträger der göttlichen Liebe sein. Darum:

Haltet euch bereit und laßt eure Lichter brennen!
Lukas 12, 35

DAK
HYPO

4. Advent

Der Adventsbräuche sind viele: Adventskonzerte, Sternsingen, Adventskalender, Kartengrüße, Kerzenziehen, Adventskränze. Doch am wichtigsten in dieser Zeit sind die Geschenkvorbereitungen für den Heiligen Abend. Dabei hat sich die Kinder- und inzwischen auch die Erwachsenenbescherung am Weihnachtsabend erst in unserem Jahrhundert durchgesetzt. Der Brauch der häuslichen Weihnachtsgeschenke nahm im 19. Jh. in den Städten seinen Anfang. Früher brachten St. Nikolaus am 6. Dezember oder die heiligen drei Könige am 6. Januar die Gaben, während der Heilige Abend ganz der Stille und Besinnlichkeit vorbehalten war.

Als Maria und Josef von Nazaret nach Betlehem zogen,
kamen sie an vielen Adventsmärkten vorbei.
Wir versuchten, ihnen nachzufolgen,
und kauften Geschenke, die wir,
wie die heiligen drei Könige,
zur Krippe bringen wollten.
Doch wir kamen nicht bis nach Betlehem.
Wir waren an den Märkten hängengeblieben.
Andere kamen zwar weiter in Richtung Weihnachten,
aber sie fanden die Krippe nicht.
Sie suchten diese in einem idyllischen Stall
mit Wärme und friedlichem Vieh und drei Königen.
Weil sie sich das Jesuskind als reiches Prinzlein vorstellten,
zeigte sich ihnen Christus dort nicht.
Denn seine Krippe stand in einer der Wellblechbaracken Kalkuttas,
wo gerade eine hungernde Sechzehnjährige ihr Kind an die Brust drückte –
und in einem Hinterhof der Harlemer Slums,
wo inmitten leerer Coca-Cola-Büchsen
ein zerstrittenes Ehepaar sich versöhnend umarmte.
So kehrten die,
die Jesus in Betlehem beschenken wollten,
unverrichteter Dinge
zu den stimmungsvollen Märkten zurück.

Siehe, dein König kommt zu dir,
ein Gerechter und ein Helfer, arm…
Sacharja 9,9

Heiliger Abend

Im Mittelalter beging man das Weihnachtsfest ohne Tannenbaum. Erst ein Kupferstich aus dem Jahr 1509 von Lukas Cranach dem Älteren zeigt den Baum in der uns bekannten Form. 1605 berichtet eine elsässische Chronik: „Auff Weihenachten richtett man Dannenbäume zu Straßburg in den Stuben auf, daran henkkett man rossen aus vielfarbigem Papier geschnitten, Äpfel, flache Kuchen, Zischgolt, Zucker..." Langsam trat der Christbaum seinen Siegeszug an.

Doch nicht nur der Christbaum. Wie zur Adventszeit hat sich auch zu Weihnachten eine Vielzahl von Bräuchen erhalten: Christmetten, Krippenspiele, Beschenkung der Armen, Turmmusik, Ausschmücken der Wohnung mit immergrünen Zweigen (z.B. Misteln), Aufstellen von Krippenfiguren, holzgeschnitzte Weihnachtspyramiden, besondere Gerichte wie die Weihnachtsgans oder der Karpfen. Auch das traditionelle Weihnachtsgebäck ist nicht ohne Symbolik: Die Zimtsterne bedeuten den Stern, der den Weisen auf dem Weg nach Betlehem leuchtete, während der mit weißem Puderzucker bestreute Christstollen das in Windeln gewickelte Christuskind darstellen soll.

Ein Gebirgshüttchen im Dezember, weitab von der Welt. Es ist monatelang unbewohnt und darum dunkel geblieben. In dieser Nacht brennt da aber ein zartes Licht. Eine Familie will den Heiligen Abend in der Abgeschiedenheit verbringen.

Das erinnert an eine Geschichte von Heinrich Lhotzky:
In einem Winkel der Welt kauerte verbissen, trotzig und freudlos eine dicke, schauerliche Finsternis. Plötzlich erschien in dieser Not ein kleines Licht, klein, aber ein Licht. Jemand hatte es hingestellt. Es war ganz einfach da und leuchtete.

Einer, der vorüberging, meinte: „Du ständest besser woanders als in diesem abgelegenen Winkel."

„Warum?" fragte das Licht. „Ich leuchte, weil ich Licht bin, und weil ich leuchte, bin ich Licht. Ich leuchte nicht, um gesehen zu werden, nein, ich leuchte, weil es mir Freude macht, Licht zu sein."

Aber die düstere Finsternis ging zähneknirschend und wütend gegen das Licht an. Und doch war die ganze große Finsternis machtlos gegen dieses winzige Licht.

Ein Gleichnis für die Nacht von Betlehem: Wie das Licht in der dunklen Hütte schien, so ist einer einmal der Welt erschienen: wehrlos – und mit seiner Liebe doch stärker als alle Nachtschwärze der Welt.

**Ich bin das Licht der Welt.
Wer mir nachfolgt,
wird nicht in der Finsternis wandeln,
sondern wird das Licht des Lebens haben.**
Johannes 8, 12

1. Weihnachtstag – Christfest

Die Geschichtsforschung nimmt allgemein an, daß Jesus in den Jahren 5 bis 7 „vor Christi Geburt" zur Welt kam. In diese Zeit fällt die Volkszählung, die Kaiser Augustus anordnete und zu der Maria und Josef nach Betlehem reisen mußten. Außerdem hat der Astronom Kepler den Stern von Betlehem zurückgerechnet. Seiner Meinung nach war das eine Jupiter-Saturn-Konjunktion, für das menschliche Auge eine Art Zusammenballung von Sternen, die nur alle 257 Jahre auftritt. Kepler kam dabei auf den 2. April des Jahres 7 vor Christus.

Ursprünglich feierten die Christen nicht die Geburt Jesu, sondern am 6. Januar die „Epiphanie", den Tag der Erscheinung des Herrn und der Taufe im Jordan durch Johannes den Täufer. Das Geburtsfest gewann erst Mitte des 4. Jh. an Bedeutung. Vermutlich übernahm man mit dem 25. Dezember das Datum des römischen Sonnenwendfestes, des „dies solis invicti" (Tag des unbesiegten Sonnengottes).

Als die Leute im Ersten Weltkrieg Weihnachten feierten, lagen die Soldaten frierend in den Schützengräben und zündeten ein Kerzlein an. Da hieß es zuversichtlich: „Wie schrecklich sind die Zeiten! Aber bald ist Friede, und dann werden wir im trauten Familienkreis fröhlich Weihnachten feiern."

Als der Friede kam, saßen zwar viele, die das gesagt hatten, im trauten Familienkreis vor ihren Weihnachtsbäumen, aber es herrschte Inflation und Arbeitslosigkeit: „Wenn wir Arbeit haben und die Krise vorbei ist, dann endlich werden wir fröhlich Weihnachten feiern", sagten sie voller Hoffnung.

Aber dann war wieder Krieg, wieder gab es Schützengräben und Bombennächte, und von den Türmen hörte man am Heiligen Abend nicht mehr die Weihnachtschoräle der Posaunenbläser, sondern das Heulen der Sirenen. „Böse Zeiten", sagten die Leute, „aber es werden wieder friedlichere Zeiten kommen, wo wir fröhlich Weihnachten feiern können."

Sie kamen, die friedlicheren Zeiten; aber auch sie waren nicht ohne Bedrohungen: Atombomben und Raketen, siechende Umwelt, Hunger und Not. Da fragten sich viele verunsichert: „Werden wir überhaupt je fröhliche Weihnachten feiern? Bläst uns nicht auch jetzt der Wind kalt ins Gesicht?"

Doch da erinnerten sie sich an Betlehem. Auch damals pfiff der Wind kalt durch die Ritzen des Stalles, und gerade dort war Gott Mensch geworden und hatte durch seinen Sohn Zuversicht in die Welt gebracht.

So saßen sie weiterhin an Weihnachten vor ihren Lichterbäumen und gaben die Zuversicht nicht auf.

Dies ist der Tag, den der Herr gemacht hat.
Laßt uns fröhlich sein und jubeln.

Psalm 118, 24

2. Weihnachtstag – Stephanus

Dieser Tag trägt den Namen des ersten Märtyrers, der für den christlichen Glauben starb. Wegen seiner freien Gesetzesauslegung war er mit den strenggläubigen Juden in Streit geraten und hatte dies mit seinem Leben bezahlen müssen (Apostelgeschichte 6–7).

Der Gedenktag ist heute vielerorts zum Tag der nachweihnachtlichen Verwandtenbesuche, der Vereinsfeiern oder Theaterveranstaltungen geworden. Es finden Reiterumzüge statt, weil Stephanus auch als Schutzpatron der Pferde gilt wegen des zeitlichen Zusammenfalls seines Gedenktages mit dem Fest des altgermanischen Pferdebeschützers Fro.

Bei der Darstellung der Geburt Jesu hat ein Künstler ein Kreuz an die Stallwand von Betlehem gemalt; zwar unscheinbar und versteckt, aber doch als erkennbaren Hinweis: Was da so traulich beginnt, wird später am Kreuz enden.

So ist es auch mit unserem Weihnachts-Festzyklus. Kaum haben wir fröhlich und dankbar die Menschwerdung Gottes gefeiert, begehen wir auch schon den Tag des ersten Märtyrers der Christenheit, des Stephanus. Wie Jesus hat auch er – so heißt es im Johannesevangelium – „sein Leben hingegeben für seine Schafe".

Das Bild des Hirten, der da frierend, aber doch auch Geborgenheit erweckend, seine Schafe hütet, spiegelt einen tragischen symbolhaften Hintergrund wider. Doch ist dieser Hintergrund wiederum auch erhebend und ermutigend; denn Menschen, die für Christus zu sterben bereit waren, stärken uns den Glauben an das ewige Leben.

Ich bin der gute Hirte;
der gute Hirte gibt sein Leben für seine Schafe.
Wer Mietling und nicht Hirte ist,
wem die Schafe nicht eigen sind,
der sieht den Wolf kommen
und läßt die Schafe im Stich und flieht.
Johannes 10, 11–12

Altjahrabend/Silvester

Der letzte Tag des Jahres führt seinen Namen auf den römischen Bischof Silvester († 335) zurück. Doch das heutige Brauchtum hat mit ihm nichts mehr zu tun.

Das Lärmen und Schreien, die Böllerschüsse und Raketen in dieser Nacht sind vorchristlichen Ursprungs und sollten die bösen Geister vor dem Eintritt in das neue Jahr vertreiben. Die Bemühungen der Kirchen, solchen Aberglauben aufzuklären und ihm Einhalt zu gebieten, fruchteten wenig. Von einem Pfarrer, der besonders eifrig dagegen wetterte, heißt es, daß er nächtelang um seinen Schlaf kam, weil auf seine Predigten hin die Jugend vor seinem Haus besonders viel „heidnischen Lärm" vollführte.

Christlich und verhältnismäßig jung ist der Brauch, daß die Kirchenglocken das alte Jahr aus- und das neue Jahr einläuten.

„Laßt nur den die Dornen sehen, der auch Augen für die Rose hat", dichtete der Inder Rabindranath Tagore vor einem halben Jahrhundert. In seinem Sinne könnte man heutzutage am Altjahrabend beten:

Herr, wir danken dir
für jeden Baum, der in diesem Jahr gesund blieb,
für jede Tanne, die dem Gift der Auspuffs widerstand,
und für jeden Politiker, dem das Problem
deines Waldes auf den Nägeln brannte.

Herr, wir danken dir
für alle Häuser, die nicht abgerissen,
für alle alten Menschen, die deshalb aus ihrer Wohnung nicht vertrieben wurden,
und für alle Häusermakler, die ein Herz hatten und das Abreißen aufschoben.

Herr, wir danken dir
für jedes Kind, das nicht verhungerte,
für die kleinste Münze, die der größte Geizhals spendete,
und für jeden, der auszog, gegen den Hunger zu streiten.

Herr, wir danken dir
für jedes Ehepaar, das zusammenblieb,
für jeden Christen, der lachte,
und für jede Blume, die neben der Autobahn blühte.

Herr, wir danken dir
für jedes Auge, das deine Güte sah.
Amen.

Du krönst das Jahr mit deiner Güte.
Psalm 65, 12

Neujahr

Auf welches Datum die Christen den Jahresanfang auch setzten – ob auf den 1. oder 6. Januar, den 25. Dezember oder den ersten Advent –, immer haben sie diesen Tag als Neuanfang gefeiert und dabei auch neugierig an der Zukunft herumorakelt. Das geschah nicht immer frei von Aberglauben. Man denke nur an das Bleigießen oder daran, daß man an diesem Tag angeblich Geld in der Tasche haben muß, damit es einem im neuen Jahr nicht ausgeht, oder daß man möglichst nur jungen Menschen (und ja nicht einem Arzt) begegnen soll, wenn man gesund bleiben will, oder daß man sein Haus reinigt, damit nicht Unordnung ins Leben kommt. Einen ernsthafteren Hintergrund haben die Lieder, mit denen vielerorts Kinder den Erwachsenen „für einen Batzen" den Neujahrssegen singen. Am meisten verbreitet jedoch ist der Neujahrswunsch von Mensch zu Mensch mit Handschlag oder in Form der Gruß- und Wunschkarte.

Das junge Jahr liegt wie ein schneebedecktes Feld vor mir, unberührt. Da hüpft plötzlich ein junges Menschenpärchen ins neue Jahr hinein: ungestüm, zukunftsfreudig, als würde das neue Feld nur Gutes bringen, als hätten Pessimisten nie von den Feueröfen des Fortschritts und von den Giftküchen des Weltuntergangs gesprochen. Zielstrebig, doch nicht unbedächtig schreiten die beiden nun etwas gemächlicher voran, an Apfelbäumen vorbei, die Luther gepflanzt haben könnte mit den trotzig-optimistischen Worten, die ihm zugeschrieben werden: „Wenn die Welt morgen unterginge, würde ich heute noch mein Apfelbäumchen pflanzen."

Nun sind die Apfelbäume steinalt – und das Paar jung, das unter ihnen hindurchgeht. Natürlich wissen die beiden, daß auch ihnen Steine und Felsbrocken im Weg liegen werden. Aber den Neujahrswunsch der Leute „Viel Glück!" oder „Es soll dir alles nach Wunsch gehen!" finden sie oberflächlich. „Wenn das gut für uns wäre, hätte Gott uns längst alle Steine aus dem Weg geräumt", versichern sie voller Vertrauen und beginnen nun wieder zu hüpfen, fröhlich in eine ungewisse Zukunft hinein, mit ihrer Beschwingtheit stumm Vertrauen verkündend.

Befiehl dem Herrn deine Wege und hoffe auf ihn, er wird's wohl machen.
Psalm 37, 5

Epiphanias

Dieses Fest ist älter als Weihnachten und stammt aus der Ostkirche. Mancherorts wurde dort zwar auch die Geburt Jesu gefeiert, überwiegend aber die Taufe Jesu und damit der Beginn seines Wirkens.

Epiphanias heißt „Erscheinung". Als Jesus sich von Johannes im Jordan taufen ließ, rief eine Stimme vom Himmel: „Dies ist mein geliebter Sohn, an dem ich Wohlgefallen habe" (Johannes 3, 17), was heißt: Gott ist den Menschen in seinem Sohn erschienen.

Am 6. Januar (oder am darauffolgenden Sonntag) begrüßen wir auch die Weisen aus dem Morgenland. Weil sie aus fernen Ländern kamen und wieder dorthin zurückkehrten, gilt Epiphanias auch als Tag der Offenbarung Christi an die Heidenwelt und somit als Tag der Mission. Für sie sammeln meistens auch die Schulkinder, die, als „Dreikönige" verkleidet, einen Stern tragen und vor den Häusern singen. Ein anderer, nicht mehr eindeutig christlicher Brauch ist der Dreikönigskuchen, in den die Bäcker eine Bohne, ein Figürchen oder eine Münze hineinbacken. Der Finder ist dann „König" für einen Tag.

Oft werden am 6. Januar auch die Christbäume abgeräumt und die Krippen weggestellt.

„Es kamen drei heilige Könige aus dem Morgenland mit Namen Kaspar, Melchior und Balthasar. Einer von ihnen war ein Mohr. Sie fragten: ‚Wo ist der neugeborene König der Juden?'"

Dieser Satz enthält fünf biblische Unrichtigkeiten. Erstens waren es nicht Könige, sondern Weise (Sterndeuter oder Magier). Zweitens steht in der Bibel nichts von „heilig". Drittens wird dort nirgends berichtet, daß es drei waren. Viertens sind ihre Namen – Kaspar, Melchior, Balthasar – ebenfalls nicht in der Bibel zu finden. Und fünftens steht nirgendwo, daß einer von ihnen schwarz war.

Es ist klar, daß sich hier die fromme Phantasie der Weisen bemächtigt und sie mit legendären Zügen versehen hat. Das ist nicht schlimm, sondern ein Zeichen dafür, wie beliebt sie waren – auch heute noch.

Da kommen hochgestellte Herren von himmelweit her – und das unter den damaligen schwierigen Reisebedingungen –, um dem Jesuskind in seinen Windeln ihre Ehre zu erweisen. Danach machen sie sich wieder auf den monatelangen Rückweg.

Was sie dabei so sympathisch macht: Sie, die hohen Herren, knien vor dem Kind nieder, das ärmlich in einem Viehunterschlupf geboren wird. Da werden soziale Fesseln gesprengt.

Außerdem: Sie kommen aus Ländern mit ganz anderen Kulturen und Religionen. Und damit bezeugen sie, daß Jesus für alle Menschen in der Welt geboren wurde. Es werden nationale Fesseln gesprengt.

Es ist erschienen die heilsame Gnade Gottes allen Menschen.
Titus 2, 11

Passion

Das Kirchenjahr ist in drei große Festkreise eingeteilt: den Weihnachts-, den Oster- und den Pfingstkreis. Mit dem neunten Sonntag vor Ostern beginnt der Osterkreis, der seinerseits in eine vorösterliche Passions- und nachösterliche Freudenzeit zerfällt. Die Passionszeit dauert von Aschermittwoch bis Karsamstag, insgesamt vierzig Tage, wobei die Sonntage nicht mitgezählt werden. An ihnen wurde nicht gefastet, während sonst die Passionszeit Fastenzeit war.

Der Aschermittwoch war – und ist in der katholischen Kirche heute noch – Buß-, für viele auch Katertag nach der sinnenfreudigen Ausgelassenheit der Fastnacht, die übrigens nicht als kirchliches Fest gilt. Der Name Aschermittwoch rührt daher, daß nach altem, vorreformatorischem Brauch der Priester den Gläubigen Asche auf die Stirn streut, um sie an ihre Vergänglichkeit zu mahnen.

Dieser junge Mann humpelt keuchend in die Kirche hinein. Er tut es nicht ohne eine gewisse schmerzhafte Feierlichkeit. Einen großen Teil des Tages verbringt er oft hier, auf der Kirchentreppe bettelnd oder mit Passanten plaudernd.

Wie er sich fühle, fragten wir. Er hat Tage, an denen er seelisch am Boden kriecht. Das bißchen Frohgefühl, das er sich lange Zeit mühsam aufzubauen versucht hat, zerbröckelt. Dann wieder findet er frohe Tage, wo er sich in dieser Kirche daheim fühlt. Er glaubt zu spüren, daß Christus Verständnis hat für sein Leiden.

Wie Christus, so auch die Christen: Ihren leidenden Erlöser meditierend, ist ihnen aufgegangen, daß Leiden nicht nur eine Last sein muß; es kann auch vertiefen und reif machen.

Dazu erzählt Franz Gypkens folgendes Gleichnis:
Ein Mensch konnte nichts Schönes und Gesundes sehen. Als er in einer Oase einen jungen Palmbaum im besten Wuchs fand, nahm er einen schweren Stein und legte ihn der jungen Palme mitten in die Krone. Mit einem Lachen ging er weiter. Aber die Palme versuchte, die Last abzuwerfen. Sie schüttelte und bog sich! Vergebens. Sie krallte sich tiefer in den Boden, bis ihre Wurzeln verborgene Wasseradern erreichten. Diese Kraft aus der Tiefe und die Sonnenglut aus der Höhe machten sie zu einer königlichen Palme, die auch den Stein hochstemmen konnte.

Nach Jahren kam der Mann wieder, um sich an dem Krüppelbaum zu erfreuen. Da senkte die kräftigste Palme ihre Krone, zeigte den Stein und sagte: „Ich muß dir danken. Deine Last hat mich stark gemacht!"

Geh schnell hinaus auf die Straßen und Gassen der Stadt und führe die Armen, Krüppel, Blinden und Lahmen herein!
Lukas 14, 21

Passion

In der Passionszeit denken die Christen an das Leiden Jesu, seinen Weg vom Ölberg über Getsemane nach Golgatha. Dadurch kam Neues in die Welt, man bekam Augen für das Leid und die Leidenden. Von Anfang an hat man sich im Christentum, im Gegensatz zu anderen Religionen, der Kranken besonders angenommen. So gibt es z.B. in der Schweiz einen besonderen „Tag der Kranken", der jeweils am ersten Märzsonntag begangen wird. Man besucht Kranke und Leidende und überreicht ihnen Geschenke. Oft suchen an diesem Tag auch Chöre und andere Musikvereine die Krankenhäuser auf, um mit ihren Darbietungen den Kranken etwas Freude in ihren Alltag zu bringen.

Wir tuckerten auf Ferienfahrt mit einem gemieteten Boot auf irischen Flüssen. Eine Schleuse war für zwei Stunden nicht passierbar, weil der Wärter Mittagszeit feierte. Ärgerlich drangen wir in das Haus ein, um den Wärter zu bitten, uns wegen fünf Minuten Arbeit nicht zwei volle Stunden warten zu lassen. Der Wärter war nicht da. Doch in der Nachbarwohnung fanden wir diese Frau. Seit 18 Jahren liegt sie gelähmt im Bett und wartet geduldig und gar nicht verbittert auf die seltenen Zeitabschnitte der Linderung.

Wir wollten uns schon über zwei „verlorene Stunden" aufregen. Aber was ist das schon: Ein Verhältnis von 18 Jahren zu zwei Stunden! Das macht 1:78844 zugunsten der Kranken. Wenn sich Horizonte in Zahlen ausdrücken ließen...!

Krankheit kann Horizonte verengen, aber auch weiten. Äußerlich stoßen Kranke zwar immer wieder an schmerzliche Schranken. Doch dadurch können sich ihnen Welten nach innen öffnen, in denen ganz andere Blumen blühen: Blumen der mitmenschlichen Tiefe zum Beispiel oder Blumen der Geborgenheit in Gott. Auch diese Welten kann man bereisen. Ob solche Reisen die Horizonte nicht nachhaltiger zu weiten vermögen als keuchender Leistungstourismus?

Paulus hat die Schranken der Krankheit am eigenen Leib erfahren. Er spricht buchstäblich vom Verfall des äußeren Menschen, das heißt seines Körpers, aber er jubelt um so mehr darüber, daß sein innerer Mensch erneuert wird.

Daher werden wir nicht mutlos,
sondern wenn auch unser äußerer Mensch verfällt,
so wird doch der innere von Tag zu Tag erneuert.
2. Korinther 4, 16

Passion

Eines der größten Leiden der Menschheit ist der Hunger. Deshalb haben Christen in den letzten Jahrzehnten, vorwiegend in der Passionszeit, Aktionen für hungernde Menschen ins Leben gerufen. Dazu gehören „Misereor" (kath.) und „Brot für die Welt" (ev.) in Deutschland, beziehungsweise „Fastenopfer" (kath.) und „Brot für Brüder" (prot.) in der Schweiz.

Oft führen die beiden Kirchen die Sammlungen und Veranstaltungen in ökumenischer Eintracht durch; so auch die „Suppentage", an denen man zu einem bewußt einfachen Mahl sich trifft. Das dabei ersparte Geld kommt den Hilfswerken zugute.

Neue Belebung fand in beiden Konfessionen der Brauch der Hungertücher, mit denen man in Zeiten der Hungersnot die Altäre bedeckte. Solche Tücher sind seit dem späten Mittelalter bekannt. Heute werden sie von Künstlern aus der Dritten Welt gemalt und bei uns zur Bildmeditation in den Kirchen aufgehängt.

Dagegen ist nichts einzuwenden: im Ledersessel hinter dem Schreibtisch zu sitzen und nach Gott zu fragen. Das muß sein. Wo kämen wir hin, wenn niemand mehr nachdenken würde?!

Doch das tiefgründigste Nachdenken kann oberflächlich sein, wenn es beim Schreibtischbrüten bleibt. Wer Gott finden will, muß hinaus aus den Stuben, dorthin, wo Menschen Zuwendung brauchen.

Darum sagt der japanische Dichter und Wohltäter Toyohiko Kagawa: „Gott wohnt unter den einfachsten Menschen. Er sitzt auf dem Schutthaufen und unter den Schuldigen im Gefängnis. Mit den jugendlichen Verbrechern steht er an der Tür und bittet um Brot. Er steht in den Bettlerhaufen, die um Almosen schreien. Er ist unter den Kranken. Er steht in einer Reihe mit den Arbeitslosen vor den Büros für Arbeitsnachweis. Deshalb laßt den, der Gott begegnen will, zuerst in die Gefängniszellen gehen. Bevor er in die Kirche geht, soll er das Krankenhaus besuchen. Bevor er in der Bibel liest, soll er dem Bettler helfen, der an seiner Tür steht."

**Wer die Güter der Welt hat
und sieht seinen Bruder Mangel leiden
und verschließt sein Herz vor ihm,
wie kann die Liebe Gottes in ihm sein?**

1. Johannes 3, 17

Passion

Das ehemals vierzigtägige Fasten in der Passionszeit beschränkt sich heute in der katholischen Kirche offiziell auf Karfreitag und Aschermittwoch. Von strengen Fastenzeiten, die von den Gläubigen einzuhalten seien, hielten die Reformatoren nicht viel, was aber nicht heißen soll, daß sie das Fasten selbst abgelehnt hätten. So predigte Luther: „Das rechte christliche Fasten, das Christus meint, besteht darin, daß du deinen Leib züchtigst und mäßig haltest."

Wenn es die evangelische Kirche mit Speisegeboten auch nicht so streng hält, so gibt es doch Familien, die in der Karwoche kein Fleisch essen. Wesentlich strenger wird – und wurde vor allem früher – darauf geachtet, daß in den vierzig Tagen vor Ostern Ausgelassenheit und Vergnügungen aller Art, vor allem Tanz- und Theaterveranstaltungen, unterbleiben, ja nicht einmal Hochzeiten stattfinden.

Eine fast unmögliche Aufgabe: Mit einer Kamera durch die Straßen zu pirschen und alte Gesichter aufzunehmen, die lachen. In der Dritten Welt wäre das kein Problem gewesen. Dort lachen die Alten. Sie sind zwar arm, aber meist in die Familie aufgenommen, in sie integriert. Bei uns hingegen sind viele einsam. Und das ist gar nicht zum Lachen.

Unsere Zeit eilt zu schnell dahin. Sie läuft den Betagten davon. Sie kommen nicht mehr mit, sie singen nicht mehr die gleichen Lieder wie die Jungen. Warum auch, wenn heute Zwanzigjährige schon andere Lieder singen als Dreißigjährige?

Das hat unbarmherzige Folgen. Man schiebt die, die nicht mehr mitkommen, ab in Reservate – wie die Indianer. Ausdrücke sagen genug: „Betagtenparadies", „Altersgetto", „Wartekaserne". Kann man von einer Gesellschaft, die sich nur an Produktionsergebnissen orientiert, anderes erwarten? Höheres? Edleres? Menschen müssen sich rentieren. Ein alter Mensch rentiert sich nicht, wirft keinen Gewinn ab.

Oder vielleicht doch?

Betagte lehren uns neue Dimensionen:
die Dimension der Gänge durch Felder und Wälder,
die Dimension des Du,
die Dimension der Ahnenbilder und Enkel,
die Dimension der langen Schatten, des Herbstes,
die Dimension der Zeitlosen, der Herbstzeitlosen,
die Dimension Gottes, den die Werktätigen im Lärm ihrer Geschäftigkeit überhören.

Wenn du einmal alt bist, wirst du deine Hände ausstrecken, und ein anderer wird dich binden und dich dorthin führen, wohin du nicht willst.
Johannes 21, 18

Passion

In der Passionszeit denkt man vor allem an die Leiden, in die wir Menschen unverschuldet hineingeraten: Krankheit, Trauer, Hunger. Müßten wir uns nicht auch auf die Nöte besinnen, die wir uns selber bereiten: Hetze und Streß, Prestigedenken, „Ich-bin-der-Größte"-Mentalität, Vorankommen auf Kosten Schwächerer?

Eine Antwort auf diese Frage mag das Bild von der Fußwaschung nach Johannes 13 geben: ein häufiges Passionsbild. Er, der Meister, kniet vor seinen Jüngern, so wie er später sich in den tiefen Staub der Verurteilung bückt, um für uns Menschen den Tod auf sich zu nehmen.

In der alten Kirche wusch der Bischof den Neugetauften die Füße. Dieser Brauch hielt sich in den Klöstern noch sehr lange, wo nicht nur Klosterbrüdern, sondern auch Bettlern solche Ehre zuteil wurde. Heute übt man diese Zeremonie nur noch an wenigen Orten. Der Papst setzt alljährlich am Gründonnerstag an zwölf armen Männern aus Rom dieses Zeichen der Demut.

Der Lehrling wird vom Arbeiter gehetzt,
der Arbeiter wird vom Vorarbeiter gehetzt,
der Vorarbeiter wird vom Werkstattchef gehetzt,
der Werkstattchef wird vom Betriebsleiter gehetzt,
der Betriebsleiter wird vom Direktor gehetzt,
der Direktor wird vom Generaldirektor gehetzt.
Es geht nicht nur ums Geld. Menschen versuchen immer wieder, andere zu erniedrigen und sich selbst zu erhöhen. Menschen betrachten sich unter dem Wettbewerbsverhältnis. Wer hat das schnellere Auto, wer die intelligenteren Kinder, wer den besser bezahlten Posten? Darum müssen sie hetzen und treten. Gerade das will Jesus nicht, weil es das menschliche Miteinander stört.

So wäscht er seinen Jüngern die Füße, zum Zeichen der Demut. Er will nicht höher sein als sie.

Aber er zieht daraus Konsequenzen: „Wenn ich nun euch die Füße gewaschen habe, so ist es auch eure Pflicht, einander die Füße zu waschen" (Johannes 13, 14).

Das heißt: Auch die Jünger sollen einander in Demut begegnen.

Auch wir.

Mein Kind, verliere dich nicht in viele Geschäfte;
denn wenn du dir zuviel vornimmst,
bleibst du nicht ohne Schuld.
Wenn du dich noch so stark anstrengst,
so erlangst du doch nichts;
und wenn du auch davonlaufen möchtest,
so kommst du doch nicht heraus.
Sirach 11, 10

Palmsonntag

Der Name geht auf die Palmzweige zurück, mit denen das Volk Jesus bei seinem triumphalen Einzug in Jerusalem zuwinkte: „Gelobt sei, der da kommt im Namen des Herrn!“ Eine festliche Prozession, die an dieses Geschehen erinnern soll, bezeugt als erste um das Jahr 400 eine Pilgerin in ihrem Reisebericht: Ein Bischof versammelte das Volk auf dem Ölberg bei Jerusalem. Dann schritten alle, auch Kleinkinder und Alte, den Berg hinunter. „Alle halten Zweige von Palmen oder Ölbäumen in der Hand, und so geleiten sie den Bischof auf dieselbe Weise, wie damals der Herr geleitet wurde.“
Von Jerusalem breitete sich die Feier des Palmsonntags nur sehr langsam nach Europa aus. Im süddeutschen Raum ist es Brauch, eine hölzerne Figur, Christus auf dem Palmesel, durch die Straßen zu tragen.

Der Palmsonntag, mit dem die Karwoche, auch „große Woche“ genannt, eröffnet wird, ist in der Schweiz meistens Konfirmationstag. In Deutschland wird diese Feier immer mehr in die nachösterliche Zeit verlegt.

Dostojewskij erzählt in seinem Roman „Der Großinquisitor“, wie Jesus ins Spanien der Ketzerverbrennungen kommt und dort Kranke heilt. Der Großinquisitor läßt ihn fesseln und in den Kerker werfen: „Denn du bist gekommen, uns zu stören. Das weißt du selber. Aber weißt du auch, was morgen sein wird? ... Morgen werde ich dich verurteilen und dich auf dem Scheiterhaufen verbrennen wie den schlimmsten Ketzer, und dasselbe Volk, das heute dir die Füße küßte, wird morgen auf einen Wink von mir herbeistürzen und Kohlen zusammenscharren für deinen Scheiterhaufen, weißt du das?“

Palmsonntag ist zeitlos. So wie Jesus damals unter den Hosianna-Rufen des Volkes in Jerusalem einzog, so ruft man auch heute seinen Namen, trägt das Wort „christlich“ auf Etiketten von Parteien, Gewerkschaften und anderen Interessenverbänden, läßt sich millionenfach auf seinen Namen taufen und behauptet, ihm zu- und anzugehören. — Hosianna!

Und wenn er tatsächlich käme? Würde es dann nicht wieder heißen wie damals: „Du störst uns. Du störst uns in unseren Konsumorgien und ärgerst uns mit deinen ewigen Hinweisen auf Arme und Flüchtlinge. Du störst uns in unseren Geld- und Waffengeschäften mit der Dritten Welt. Du störst unseren technischen und finanziellen Überlegenheitsdünkel. Du störst die Gemütsruhe jener Kirchen, die sich um Alltags- und Öffentlichkeitsverantwortung drücken mit dem leichtfertigen Slogan: „Glaube und Politik haben nichts miteinander zu tun.“ Wer uns in diesen wichtigen Dingen stört, muß hinweg. Kreuzige ihn!

Hosianna! Gepriesen sei, der da kommt im Namen des Herrn!

Markus 11, 9

Kreuzige ihn!

Markus 15, 13

Gründonnerstag

„Mich hat herzlich verlangt, dieses Passamahl mit euch zu essen, ehe ich leide", erklärte Jesus vor seinem Tod den Jüngern (Lukas 22, 15). Dieses letzte Mahl feiern wir einen Tag vor Karfreitag, am Gründonnerstag. Weil Jesus mit den Jüngern abends zusammensaß, finden die Gottesdienste meist zu späterer Stunde statt.
Da wir im Abendmahl für die Sündenvergebung danken, wird am Gründonnerstag, als dem Einsetzungstag des Mahls, immer auch der Vergebung gedacht. Man sprach früher vom „Antlaßtag", was Entlassung der Sünder aus der Buße bedeutet. Zu dieser Zeit fanden (und finden) auch die meisten Fußwaschungszeremonien statt.

Über die Herkunft des Namens herrscht Uneinigkeit. Kommt er von Greinen (= Weinen) oder von den grünen liturgischen Meßgewändern, die während der Wiederaufnahme der Büßer getragen wurden, oder von den grünen Kräutern, die man an diesem Tag aß? Die meisten Forscher geben der Ableitung aus dem lateinischen Wort „carena" (= Fasten) den Vorzug. Aus Karen soll Karin, dann Krin, Grin und schließlich Grün entstanden sein.

Ackerterrassen im südindischen Frühling. Hier werden bald neue Hirsepflänzchen aufgehen, um hungernde Menschen zu ernähren. Hirse ist das Brot des armen Mannes in diesen Ländern. „Ich bin die Hirse des Lebens", könnte Jesus dort gesagt haben, und er hätte eine Schale voll den Hungrigen gereicht.

Im Abendmahl geschieht dasselbe – und noch mehr: Jesus reicht den Hungrigen Brot, das er selber ist. Als er am Tag vor seiner Hinrichtung mit seinen Jüngern zusammen das letzte Mahl einnahm, ging es um viel mehr als um den satten Bauch. Er reichte ihnen das Brot, das sagen will: „Wir gehören fest zusammen." Also reichte er ihnen Gemeinschaft. Gemeinsam mit seinem Verräter tauchte er gleichzeitig den Bissen in die Schüssel – und verzieh ihm; also reichte er Vergebung. Mit den Jüngern trank er Wein, von dem er sagte: „Das ist mein Blut." So floß sein Blut in den Adern der Jünger; also reichte er ihnen Verinnerlichung, ja Einssein mit ihm.

Gemeinschaft, Vergebung, Verinnerlichung und noch anderes – das ist unser Abendmahl. Einer geht in den Kreuzestod für uns, dann in die Erde, dann in die Auferstehung und wird Brot für uns. Auch Hirsepflanzen sterben, versinken in die Erde, auferstehen und werden Brot für uns Menschen.
Das will sagen: Abendmahl ist Leben.

**Ich bin das Brot des Lebens.
Wer zu mir kommt, den wird nicht hungern;
und wer an mich glaubt,
den wird nimmermehr dürsten.**
Johannes 6, 35

Karfreitag

Das Wort kommt vermutlich vom althochdeutschen „kara", was Wehklage bedeutet.

Während Luthers „guter Freitag" sich im evangelischen Bereich als der höchste Feiertag im Jahr durchsetzte, gab es in der katholischen Kirche Zeiten, in denen der Sterbetag Jesu ein gewöhnlicher Werktag war. Er galt als ein Buß- und Fastentag, an dem man oft die beschwerlichsten oder die unangenehmen Arbeiten verrichtete. Heute hat der Sterbetag Jesu allgemein wieder eine zentrale Bedeutung in den Kirchen gefunden. Eine ungebrochene Tradition besitzen in evangelischen, inzwischen aber auch in katholischen Gemeinden die Karfreitagskonzerte, wo die Passionen von Bach, Schütz, Händel und anderen Komponisten das Leiden und Sterben Jesu nahebringen.

Es ist eigenartig, daß wir Christen dich meistens als den Leidenden in den Kirchen aufstellen. Willst du das wirklich? Willst du vor unseren Augen immer der Traurige sein? Wir könnten dich doch auch ganz anders zeigen: als den Lehrenden zum Beispiel, oder den Betenden oder den Segnenden. Statt dessen meditieren wir dich, wie du dich auspeitschen und fesseln läßt oder blutüberströmt am Kreuz hängst.

So bist du für uns der Schwache.

Aber wir fühlen es: dein Schwachsein gibt uns Kraft.

Throntest du als muskelstrotzender griechischer Gott auf einem Marmorsockel, wärst du viel zu weit weg von uns. Denn wer von uns Durchschnittsmenschen fühlt sich dauernd göttlich-stark?

Du aber kennst das Schwachsein – wie wir Menschen – und kommst dadurch ganz in unsere vertraute Nähe. Du mußt einen bitteren Kelch austrinken – wie wir Menschen –, doch der deinige ist noch bitterer. Aber dadurch fühlen wir uns von dir verstanden. Du windest dich in Verzweiflung, und auch dir geht nicht alles nach Willen – wie uns Menschen –, die viele ihrer Lebensträume entfliehen sehen.

Durch deine Not also bist du uns nahe. Doch wir möchten dir nicht nur dann nahe sein, wenn du gebrochen bist. Wir möchten auch von deiner Herrlichkeit etwas fühlen, die deinen Schmerzensschreien folgt. Darum: Laß es bald Ostern werden!

Und sie ließen ihn fesseln,
abführen und dem Statthalter Pontius Pilatus überliefern.
Matthäus 27, 2

Ostersonntag

Das Fest der Auferstehung Jesu galt viele Jahrhunderte lang als das wichtigste und populärste der Christenheit. In der Ostkirche kommt ihm noch heute dieser Rang zu.

Wie verschieden Ostern auch gefeiert werden mag, eines ist allen Bräuchen gemeinsam: der Jubel über die Auferstehung und die Hoffnung, daß nicht nur Jesus, sondern auch die Gläubigen ihr eigenes Ostern erleben werden.

Das Fest fällt immer auf die Zeit zwischen dem 22. März und 25. April. Das Datum läßt sich auf folgende Weise bestimmen: Nach dem Frühlingsanfang (21. März) muß man den nächsten Vollmond abwarten. Der Sonntag, der auf diesen Vollmond folgt, ist der Ostertag.

Der Name kommt wahrscheinlich vom althochdeutschen „ostara", was die Richtung nach Osten, nach Sonnenaufgang bedeutet.

„Mir, Simon Petrus, Bruder des Andreas, sagen sie nach, ich sei wankelmütig gewesen. Ich gebe es zu, wir alle waren es, als sie unseren Meister in Fesseln von Getsemane wegführten. Nur von weitem wagte ich, dem Grüpplein mit ihm und den Soldaten zu folgen, und dann verleugnete ich ihn noch!

Aus Angst war ich bei der Kreuzigung nicht dabei und auch nicht bei der Grablegung oder gar bei der Verurteilung. Daß sie ihn einfach als Gotteslästerer umbrachten, war für uns das Ende von allem, der völlige Zusammenbruch.

Aber dann war plötzlich alles ganz anders in uns. Wir, die vorher Fersengeld gaben, hatten keine Angst mehr. Wir stürmten in die Welt hinaus, nahmen Verfolgung, Not, Spott auf uns, um ihn als den Lebendigen zu predigen. Es machte uns auch gar nichts mehr aus, als ungebildete Leute auf den Marktplätzen Reden zu halten." – So könnte Petrus erzählt haben.

Die biblische Forschung sagt uns, daß mit den Jüngern tatsächlich eine Verwandlung vorgegangen sein muß. Die einfachen Fischer gründeten Gemeinden, und der wankelmütige Petrus trug den Zunamen „Kephas", was Fels bedeutet. Zudem leisteten die Christen etwas, was in der antiken Welt weitgehend unbekannt war: Sie trieben organisierte Fürsorge für Arme und Kranke, Witwen und Waisen.

Warum diese plötzliche Verwandlung?

Ihr Meister war auferweckt worden. Das Leben siegte. Die Gewißheit, ihm zu folgen, auch über das irdische Leben hinaus, ließ sie mächtig erstarken. Kleinmütige wurden dadurch zu Helden.

Nun ist Christus auferweckt worden von den Toten und der Erstling geworden von denen, die da schlafen.

1. Korinther 15, 20

Ostermontag

Ostereier haben vermutlich im vorislamischen Orient (also vor dem 7. Jh.) ihren Ursprung. Sie sind ein deutliches Symbol für keimendes Leben. Zuerst ist es noch eingeschlossen wie Jesus im Grab, doch dann bricht es durch, wenn das Küken ausschlüpft. Daß Eier bemalt werden, soll ein Ausdruck der Lebensfreude sein. Während der Fastentage war ihr Genuß ja verboten.

Der Hase gilt seit der Antike als Tier der Fruchtbarkeit. Seine große Wachsamkeit und seine – zumindest für den oberflächlich beobachtenden Menschen – stets offenen Augen sind ein Bild der Vorsehung Gottes, aber auch ein Sinnbild des Auferstandenen, der in seinem Grab wach gewesen sei.

Wie zu anderen hohen Festtagen genießt man auch an Ostern traditionelle Speisen: neben Eiern vor allem Lamm- oder Zickleinbraten und vielfältiges Ostergebäck. Andere Bräuche sind der Osterspaziergang, in Anlehnung an den Gang der Jünger nach Emmaus, oder ein Besuch auf dem Friedhof am frühen Ostermorgen, wo Auferstehungslieder an den Gräbern gesungen oder von Bläsern gespielt werden. Die früher üblichen Gebetsnächte, die Ostervigilien, finden heute wieder stärker Beachtung, während das „Osterlachen", zu dem die Prediger mit Witzen in ihren Predigten die Gottesdienstteilnehmer zu bringen versuchten, völlig vergessen ist.

Die zwei küssen sich da einfach auf dem Totenacker, unbefangen zwischen Kreuzen und Gräbern, als ob sie niemals etwas von Ehrfurcht vor dem Tod gehört hätten! Und das sogar noch an einer Stätte, wo Mönche seit mehr als tausend Jahren begraben liegen.

Ist das ein Benehmen? Was soll man davon halten?

Ich finde, es ist ein richtiges Benehmen. Nicht, daß das kosende Pärchen das überdacht hätte! Wer stürmisch liebt, denkt wahrscheinlich nicht gerade an Jesus, der einem Manne, welcher ihm nachfolgen, vorher aber noch seinen Vater begraben wollte, zurief: „Laß die Toten ihre Toten begraben!" Solche Respektlosigkeit dem Tod gegenüber demonstrieren – wenn auch unbewußt – die beiden Liebenden auf dem Friedhof. Und das kann christlich sein. Denn die Auferstehung hat dem Tod seine Bedrohlichkeit genommen. Das Leben gilt, nicht der Tod.

Der Tod ist verschlungen vom Sieg.
Tod, wo ist dein Sieg?
Tod, wo ist dein Stachel?
1. Korinther 15, 54–55

Himmelfahrt

Auf die 40 Fastentage in der Passionszeit folgen die 50 Jubeltage von Ostern bis Pfingsten, wobei die 40 Tage bis und mit Himmelfahrt noch zum Osterfestkreis hinzugerechnet werden.

In der Apostelgeschichte (1,3) steht: „40 Tage lang ließ er (Jesus) sich unter ihnen (den Jüngern) sehen und redete über das Reich Gottes mit ihnen."

Obwohl die 40 Tage biblisch belegt sind, begingen die ersten Christen das Himmelfahrtsfest noch an Pfingsten. Erst im 4. Jh. – gebietsweise auch erst im 5. Jh. – legte man das heutige Datum für Himmelfahrt fest.

Das Fest will zugleich an den Abschied Jesu von seinen Jüngern erinnern. Weil das auf dem Ölberg geschah, also im Freien, feiern viele Gemeinden an diesem Tag Feldgottesdienst. Flurumgänge und Umritte versinnbildlichen den Gang der Jünger auf den Ölberg. Trotz der Verbote in der Aufklärungszeit konnten sich massiv-dramatische Darstellungen von Christi Himmelfahrt in einigen wenigen, vorwiegend katholischen Kirchen halten. Danach wird, meist unter Orgelklang, eine riesige Christusfigur aus Holz mittels einer Seilwinde in die Höhe gezogen, bis sie in einer Luke der Kirchendecke verschwindet. Im Mittelalter warf man oft, als böses Gegenstück, einen brennenden Teufel ins Kirchenschiff hinab.

Lobet den Herrn des Kosmos, das Weltall ist sein Heiligtum mit einem Radius von hunderttausend Millionen Lichtjahren.

Lobt ihn, den Herrn der Sterne und der interstellaren Räume.

Lobt ihn, den Herrn der Milchstraßen und der Räume zwischen den Milchstraßen.

So beginnt Ernesto Cardenal, der nicaraguanische Dichter, einen Lobpreis Gottes. Doch Himmel ist mehr als Astronomie. Himmel ist Heiligtum. Er ist der unendliche Raum Gottes, und dorthin geht Jesus.

Damit erhebt die Himmelfahrt das Heilsgeschehen in eine neue Dimension, in die vertikale, überirdische. Uns Menschen heute ist das meistens „zu himmlisch". Wir wollen mit unserem Denken, auch mit unserem Glauben, auf der Erde bleiben und unser Christsein vor allem durch praktische Nächstenliebe beweisen. Das ist gewiß auch wichtig – nur: das ist nicht das ganze Evangelium. Man sollte es nicht auf Ethik oder gar nur auf ein „Seid-nett-Miteinander" beschränken. Das hieße den Himmel abbrechen.

Paulus, der es an irdischer Nächstenliebe und Aktivität gewiß nicht hat fehlen lassen, sagt: „Unser Wandel ist im Himmel" (Philipper 3, 20). Von der Erde spricht er wie von einem anderen Land. Alles, was er auf ihr erlebt: Gefangenschaft und Peitschenhiebe, Demütigungen und Verhöhnungen, berühren ihn oberflächlich. Er weiß sich jetzt schon im Himmel zu Hause, weil Jesus ihm diesen Weg vorangegangen ist.

Sollte Gott wirklich auf Erden wohnen? Siehe, der Himmel und aller Himmel Himmel können dich nicht fassen.

1. Könige 8, 27

Pfingstsonntag

Nach Himmelfahrt nimmt der große dritte Festkreis, der Pfingstkreis, seinen Anfang. Er dauert bis zum Ewigkeitssonntag (Totensonntag), dem letzten Feiertag im Kirchenjahr vor dem ersten Adventssonntag.

Pfingsten geht auf einen jüdischen Erntedank zurück (Dank für die Erstlingsgarben), der sich später zu einem Fest entwickelte, an dem Gott sein Angebot, mit Israel einen Bund zu schließen, erneuerte. Auch am christlichen Pfingsten macht Gott mit der Ausgießung des heiligen Geistes seinem Volk ein Angebot: Es darf Freiheit durch den göttlichen Geist, Freiheit durch Liebe empfangen.

Der Name kommt von „Pentekoste", was griechisch „fünfzig" bedeutet und die Zahl der Tage von Ostern bis Pfingsten meint.

Was ist der heilige Geist?

Gott ist nicht nur Schöpfer und Erhalter der Welt, lenkt nicht nur die Geschicke der Menschheit und der Natur, sondern wohnt auch in unserem Innern. Gott in uns Menschen, das heißt heiliger Geist. Das haben die Jünger damals in Jerusalem erfahren, das nannten sie die Ausgießung des heiligen Geistes – ein Ereignis, das nicht einmalig war, sondern sich ständig wiederholt, auch bei uns Menschen von heute.

Wann weht der heilige Geist?

Wann er will – und nicht, wann die Menschen wollen. Er läßt sich weder herbeizaubern noch herabbeten. Er ist einfach da – oder auch nicht; vor allem dann nicht, wenn Leute behaupten, er sei ihretwegen da.

Wo ist heiliger Geist?

Wo einer spontan bei einem Trauernden die Klingel drückt.
Wo zwei Bauern Gott für einen Regen danken, nach welchem die Wiesen gedürstet haben.
Wo ein Kirchgänger sich in der viel zu großen Stadtkirche nicht allein fühlt.
Wo ein Wanderer für einen traumhaften Sonnenaufgang Gott ein Dankeswort zuruft.
Wo Kanzelredner und ihre Gemeinden den Mut finden, in Fragen des Umweltschutzes, des Schwangerschaftsabbruchs oder der Friedenssicherung den Standpunkt einzunehmen, den Jesus nach ihrer Meinung heute einnehmen würde.
Wo der Pfingstmontagfahrer in der Wartekolonne, statt zu schimpfen, auf die überraschende Idee kommt, seinen Kindern biblische Geschichten zu erzählen.

Des Herrn Geist erfüllt den Erdkreis.
Weisheit Salomos 1, 7

Pfingstmontag

Da der heilige Geist für viele eher eine abstrakte, nicht faßbare Größe darstellt, nimmt Pfingsten als Fest nicht den Rang ein wie etwa Weihnachten oder Ostern. Entsprechend karg ist auch das Brauchtum.

Einige seltenere kuriose Beispiele, vor allem aus früherer Zeit, seien erwähnt: Man senkt hölzerne Tauben aus einer Luke des Kirchendachs auf die versammelte Gemeinde hernieder, oder der Mesner läßt eine lebende Taube, die er eigens zu diesem Zweck in den Gottesdienst gebracht hat, im Kirchenraum herumflattern. Auch andere Sinnbilder für Pfingsten können aus dem Kirchengewölbe herabschweben: feurige Kugeln, Flocken aus Werg, welche die Feuerzungen aus dem Pfingstbericht der Apostelgeschichte darstellen sollen, oder Rosenblätter (von ihnen rührt der sizilianische Name „Pascha rosatum" für Pfingsten her).

Maibäume und andere Bräuche, bei denen das frische Grün und damit der endgültige Sieg des Frühlings über den Winter im Mittelpunkt steht, haben mit dem Pfingstfest höchstens das Datum gemeinsam.

Nach dem Trinitatisfest (Dreifaltigkeits- oder Dreieinigkeitsfest), eine Woche nach Pfingsten, beginnt das kirchlich festarme Sommer- und Herbsthalbjahr, dessen Sonntage „nach Trinitatis" gezählt und benannt werden.

Wohlgesichert aus dem idyllischen Geraniennest heraus predigt er den Menschen Umkehr, Rettung und Heil, dieweil „die böse Welt" um ihn herum wankt und zittert. Doch für ihn ist es einfach: Hörten die Menschen mehr auf ihn, wäre die Welt in Ordnung und würde nicht in ihren Grundfesten erzittern. Er gehört anscheinend zu den vielen Bekehrungsaposteln, die „es" genau wissen und den eigenen Geist für den heiligen ausgeben.

Nun läßt sich weder testen noch messen, ob einer den heiligen oder den eigenen Geist predigt. Und doch gibt Paulus einen deutlichen Hinweis. Seine Beteuerung, er verkündige nicht sich selbst, sondern Christus als seinen Herrn, begründet er so: „Ich selbst bin nur ein Diener – euer Diener um Jesu Christi willen."

Nicht der also predigt den heiligen Geist, der die Mitmenschen in seine eigene christliche Anschauung hineinkomplimentieren oder andere gar auf seinen persönlichen Weg als „den einzig richtigen" einpeitschen will, sondern der, der dem anderen in Liebe dienen möchte, ohne gleich dessen Seele dafür „einheimsen" zu wollen.

Ich verkünde also nicht mich selbst,
sondern Jesus Christus als den Herrn.
Ich selbst bin nur ein Diener – euer Diener um Jesu willen.

2. Korinther 4, 5

Erntedankfest

Gott zu danken für die eingebrachte Ernte ist ein Verlangen und Bedürfnis, dem fast alle Religionen in der Welt mit Festen und Opfern Ausdruck geben. Auf christlichem Boden feierte man die gute Ernte mit Dank-, die schlechte aber mit Bußgottesdiensten.
Wahrer Dank besteht darin, daß man von dem Geschenkten weitergibt. Deshalb rufen die Kirchen in den Industrieländern an diesem Tag oft zu Spenden für die Dritte Welt auf.
Vielerorts werden in den Gotteshäusern Güter der Ernte, wie Früchte, Korn oder Wein, ausgebreitet. Seltener sind es Industrie- oder Handwerkserzeugnisse in Gegenden, wo diese die Ernährungsgrundlage bilden.
Ein einheitliches Datum für das Erntedankfest gibt es nicht. Am weitesten verbreitet ist der erste Sonntag im Oktober.

Dieser Reisbauer aus Bali pflegt sein Feld mit so viel Liebe und Sorgfalt, daß man sich in einem Garten wähnt. Dennoch kann das ihn und seine Familie in Jahren schlechter Ernte nicht vor Hunger bewahren. Aber er dankt den Göttern, weil sie ihm das Land anvertraut haben. Er dankt, indem er bei den Feldern ein kleines Heiligtum errichtet und dort Opfer darbringt. Seine Frau gestaltet die Gaben für die Gottheiten sehr kunstvoll aus Blüten, Blättern und Früchten – und zwar jeden Tag neu.

Demgegenüber muß ich als Bewohner eines Wohlstandslandes gestehen, daß ich oftmals zu danken vergesse. Wenn man mich fragte warum, müßte ich antworten: „Einfach so! Ich habe mich eben daran gewöhnt, daß ich zu essen habe!" Und aus der Gewöhnung entsteht Verwöhnung. Es gibt sogar Leute, die machen aus ihrem Undank eine Philosophie. Eine Dame rief auf einer Einladung aus: „Solange es soviel Hunger und Not auf der Welt gibt, sehe ich keinen Grund zum Danken!" Sie unterstrich ihr Bekenntnis mit einer entschieden abwehrenden Handbewegung, so daß ihre massiv-goldenen Armringe mitschwangen und beinahe die Empire-Tasse zerbrochen hätten, in der sich die Sahne über dem Kaffee türmte.

Wer wie wir bis zum Hals in einem Meer von Konsumgütern schwimmt, sollte sich nicht wundern, wenn diese uns den Horizont verbauen. Denn gerade die Sicht ins Überirdische ist eine Voraussetzung dafür, daß wir danken können.

**Wenn du gegessen hast und satt bist,
sollst du den Herrn, deinen Gott,
loben für das gute Land, das er dir gegeben hat.
So hüte dich nun davor, den Herrn,
deinen Gott, zu vergessen.**

5. Mose 8, 10–11

Reformationstag

Bereits im 16. Jh. begegnet man jährlichen Dankgottesdiensten für die Reformation, die Erneuerung der Kirche. Sie wurden zuerst an verschiedenen Daten gefeiert, nämlich am Jahrestag, an dem die Reformation im jeweiligen Gebiet eingeführt wurde. Mit den Jahrhunderten setzte sich dann einheitlich der 31. Oktober oder der darauffolgende, seltener der vorangehende Sonntag durch. An diesem Tag hatte Luther im Jahr 1517 seine 95 Thesen an die Tür der Schloßkirche zu Wittenberg angeschlagen, was allgemein als der geschichtliche Auftakt zur Reformation gilt.

Der Feiertag will in den reformatorischen Kirchen zur Besinnung führen, zum Rückblick auf das Werk der Reformatoren, aber auch zum Ausblick auf die ständige Erneuerung der Kirche, die sich nur so den Problemen und Fragen der Gegenwart stellen und sich mit ihnen auseinandersetzen kann.

Die evangelische Kirche versteht sich nach einem lateinischen Ausdruck als „erneuerte Kirche, die sich immer von neuem crncucrn muß".

Glücklich sind, die geistlich nicht zu arm sind, einer verharzten Kirche den Mut zur Erneuerung zu schenken. Die Zukunft gehört ihnen.

Glücklich sind, die nicht Leid tragen, wenn die Gemeinde anstelle der immergleichen Lieder und der immer im gleichen Trott ablaufenden Gottesdienste Neues wagt. Dann würden viele getröstet werden.

Glücklich sind die Sanftmütigen – nicht die Schlafmütigen, die das Evangelium als Seelenkissen mißbrauchen und im Gottesdienst mit offenen Augen schlafen. Werden sie das Erdreich besitzen?

Glücklich sind, die nicht nur hungern und dürsten nach der Gerechtigkeit, sondern auch für sie kämpfen wie ein Martin Luther King oder ein Dom Helder Camara. Sie bewirken, daß andere gesättigt werden.

Glücklich sind die nicht allzu Barmherzigen, wenn es um Kritik an der Kirche geht, daß sie auseinanderzuhalten wissen, ob eine Kirche egoistisch nur für sich selber da sein will oder ob sie für andere da ist. Sie werden Barmherzigkeit erlangen.

Glücklich sind, die reinen Herzens sind in einer Kirche, die rein ist von der Schminke heuchlerischer Anpasserei, aber mit ausgefahrener Antenne nach den Nöten unserer Zeit horcht. In einer solchen Kirche könnte man Gott schauen.

Glücklich sind die nicht immer Friedfertigen, wenn es darum geht, für eine saubere Umwelt, sprich Schöpfung Gottes, auf die Barrikaden zu steigen. Sie sollen Söhne Gottes heißen.

**Alle Bäume auf dem Feld sollen erkennen,
daß ich der Herr bin: ...ich lasse den grünen Baum verdorren,
und den dürren Baum lasse ich grünen.**
Ezechiel 17, 24

Ewigkeitssonntag (Totensonntag)

Unsere Neigung, alles, was mit Tod zu tun hat, zu verdrängen, ist nicht neu. Weil Beerdigungsfeiern das städtische Leben im 17. Jh. stark prägten, erfolgte im 18. Jh. eine Gegenreaktion. Man wollte Bestattungen möglichst aus der Öffentlichkeit verbannen. Aus dieser Verdrängungssituation schwenkte das Pendel wiederum auf die Gegenseite um. Es wurde der Ruf nach allgemeinen Totenfeiern laut. So entstand – als evangelisches Gegenstück zum katholischen Feiertag Allerseelen – der Totensonntag. Als Datum einigte man sich auf den letzten Sonntag im Kirchenjahr, eine Woche vor dem 1. Advent.

Obwohl solche Feiertage immer die Gefahr eines übertriebenen Toten- und Gräberkults in sich bergen, finden an vielen Orten kirchliche Totengedenkfeiern auf den Friedhöfen statt, die auch von Chorälen umrahmt sind. Mittelpunkt soll dabei nicht der Verstorbene seien, sondern die Besinnung auf das ewige Leben, das uns verheißen ist. Darum ist auch der Name „Ewigkeitssonntag" gebräuchlich, der seinem Sinn nach ganz in die Nähe von Ostern rückt.

Milder Nebel über spätherbstlicher Trübung. Schilfbüschel neigen sich müde, die Natur stirbt ihren leisen Tod.

Manchmal denke ich, der Schöpfer hätte, einem vollkommenen Künstler vergleichbar, sein Werk mit schwungvollem Pinsel und nicht zu bändigender Freude und Phantasie geschaffen. Menschen sind entzückt ob der Vielfalt seiner Kunstwerke, wandern tagelang darin herum, erforschen sie in Laboratorien und kommen aus dem Staunen nicht heraus.

Kunst ist nicht nur das Erwachen im Frühjahr, wenn Leben überall herausblüht, herauspfeift und herausdrängt, sondern Kunst ist auch das sanfte Verlöschen im Herbst, wenn die Blätter sich glühend färben, dann zur Erde gaukeln und sich in den ersten Schnee kuscheln.

Aber es ist nicht nur Kunst. Mir ist, als wollte Gott uns damit sagen: „Habt Vertrauen! Auch das Sterben ist von mir gestaltet; auch dann bin ich bei euch."

Darum will ich es wagen – trotz der Schwere des Todes –, die tröstlichen Worte zu glauben, die er uns durch den Propheten Jeremia sagen läßt:

Ich habe Gedanken des Friedens über euch und nicht des Leides, spricht der Herr.
Jeremia 29, 11

Graphische Darstellung des Kirchenjahrs

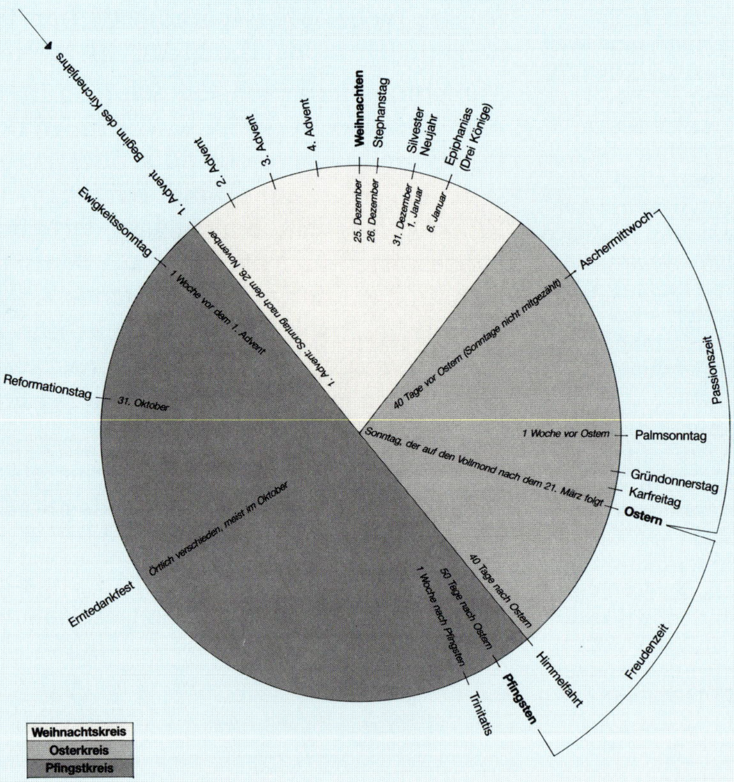

3. Auflage 1986

Fotos: Hans Domenig
Gestaltung: JAC
Hergestellt im Druckhaus Ernst Kaufmann, Lahr
ISB N 3-7806-2153-3 (Kaufmann)
ISB N 3-7245-0578-7 (Reinhardt)

CIP-Kurztitelaufnahme der Deutschen Bibliothek

Domenig, Hans:
Nimm das Jahr als Fest :
Betrachtungen zum Kirchenjahr / Hans Domenig. –
3. Aufl. – Lahr : Kaufmann; Basel : Reinhardt, 1986.
ISBN 3-7806-2153-3 (Kaufmann)
ISBN 3-7245-0578-7 (Reinhardt)